leykam: *seit 1585*

Lena Marie Glaser

Künstliche Konkurrenz

KI als Jobkiller und Chance

leykam: *Leucht:Schriften*

Danke an meine Gesprächspartner:innen, die mit ihrer Ehrlichkeit, Expertise und Geduld dabei helfen, dass ich auf meiner Zukunftsreise lerne, verstehe und begreife.

Künstliche Intelligenz = Künstliche Konkurrenz?!

Im Mai 2023 wurde ich in einer Fernsehsendung vom Moderator gefragt, welche Jobs in Zukunft vom zunehmenden Einsatz der künstlichen Intelligenz in der Arbeitswelt betroffen sein werden. Als Antwort nannte ich ein konkretes Beispiel, und zwar meinen eigenen ursprünglichen Beruf als Juristin. Nach der Ausstrahlung erreichte mich eine emotionale persönliche Nachricht: Ein Student schrieb mir, dass er kurz vor dem Studienabschluss in Rechtswissenschaften stehe und von meinem Interview sehr verunsichert sei. Er hätte angenommen, dass sein angestrebter Beruf, der doch Kreativität und kritisches Denken erfordere, nicht von der künstlichen Intelligenz ersetzt werden kann. Ob sein Studium überhaupt noch Sinn ergebe?

Wird eine KI-gesteuerte Maschine in Zukunft unsere Arbeit erledigen? Immer mehr Menschen beschleicht bei diesem Gedanken ein unangenehmes Gefühl. Sie fürchten, dass die KI für sie zu einer gefährlichen Konkurrenz auf dem Arbeitsmarkt werden könnte, die billiger und schneller arbeitet und so ihren eigenen Job obsolet macht. Anders als die Konkurrenz mit Kolleg:innen im Team oder mit Bewerber:innen um eine neue Stelle, handelt es sich bei der KI um eine sehr weit entwickelte, intelligente Maschine, sie ist also eine „künstliche“ Konkurrenz. Da die technischen Entwicklungen innerhalb kürzester Zeit unglaublich schnell voranschreiten, kann das überfordern. Vielen von uns fehlt das Wissen, die Unterstützung oder der Raum und die Zeit, um uns mit den Auswirkungen auf unser persönliches Arbeitsleben auseinanderzusetzen. Außerdem ist vielen unklar, wie sie sich auf diese künstliche Konkurrenz einstellen sollen. Daher ist es wichtig, dass wir uns diesem Thema schon heute widmen. Genau das versucht dieser Text.

Die künstliche Intelligenz durchdringt in rasantem Tempo viele unserer Lebensbereiche. Doch oft ist uns das gar nicht bewusst. Denken wir nur an die Gesichtserkennung beim Smartphone. Auch wer heute im Internet recherchiert, kann sich nicht sicher sein, ob die gefundene Information von einem Menschen stammt oder von einer KI erstellt wurde. Täglich überschwemmt eine Flut an E-Mails unsere

Postfächer, und welche Nachrichten davon von einem Menschen, welche von einer Maschine verfasst wurden, können wir kaum unterscheiden. Auch wenn wir unseren Social-Media-Feed durchscrollen, ist unklar, ob die Stimme und das Gesicht des Accounts wirklich zu einer realen Person gehören oder mit KI generiert wurden. Wie kann das sein – und was ist da passiert?

Mit dem Jahreswechsel 2022/23 hat sich etwas Grundlegendes verändert: Die Veröffentlichung von ChatGPT,[1] einem Chatbot des US-amerikanischen Unternehmens Open AI aus Kalifornien, löste einen KI-Hype aus. Ein Grund dafür war, dass es erstmalig möglich war, kostenfrei und ohne spezielle Computerkenntnisse, mit einer KI zu interagieren und im Gespräch mit ihr natürlich wirkende Antworten zu erhalten. So meldeten sich binnen weniger Tage nach der Veröffentlichung eine Million Nutzer:innen für den Chatbot an[2] und plötzlich wurde eine Technologie, die uns schon länger begleitet, überall hitzig diskutiert: in den Schulen und Universitäten, in den Unternehmen, in der Politik, in den Medien. Heute können wir täglich neue Events, Podcasts, TV-Sendungen oder Newsletter konsumieren, die uns erklären, was KI ist, wie sie funktioniert und was die Gefahren und Chancen sind. Eine KI-Euphorie ist ausgebrochen – und damit überrollt uns eine kaum zu überblickende Flut an Informationen und Möglichkeiten, in der man sich erst einmal zurechtfinden muss.

Besonders beeindruckend ist, dass künstliche Intelligenz heute Ergebnisse produziert, die sich kaum von menschlicher kreativer Arbeit unterscheiden lassen. Chat-GPT ist das erste KI-Sprach-Modell, das in der Lage ist, eine Vielzahl an unterschiedlichen Aufgaben zu erledigen: vom Verfassen von Texten bis hin zum Schreiben von Programmiercodes. Dazu kann dieses KI-Modell jede Frage, die von Nutzer:innen gestellt wird, beantworten (obwohl das nicht bedeutet, dass die Fragen immer richtig und faktentreu beantwortet werden).[3]

So hat KI das Potenzial, zu einer Konkurrenz für viele Berufsgruppen zu werden. Davon sind einerseits

Arbeiter:innen in der Industrie und Produktion betroffen, deren Jobs in der sogenannten „Industrie 4.0" angesiedelt sind. Hier werden zunehmend miteinander kommunizierende Maschinen statt menschlichen Arbeitskräften eingesetzt, um die Produktion zu beschleunigen.[4] Andererseits sind Berufsfelder abseits der Industrie und Produktion vom Fortschritt der Technologie betroffen, darunter Büroangestellte, Lehrende, Kreative, öffentlich Bedienstete, Wissenschaftler:innen, Psycholog:innen, Betriebswirt:innen, Berater:innen, Ärzt:innen, Pfleger:innen, Marketingmanager:innen oder Journalist:innen.

In meinen Gesprächen mit hochqualifizierten Beschäftigten ist mir aufgefallen, dass oft noch wenig Bewusstsein dafür existiert, ob und wie KI für ihren Beruf und Arbeitsplatz eine Konkurrenz darstellen könnte. Sie hätten ja eine sehr gute Berufsausbildung oder ein Studium absolviert. Das könne die KI nicht einfach so ersetzen, sie sei definitiv keine Konkurrenz für sie, so glauben viele. Leider stimmt das so nicht. Laut der OECD sind hochqualifizierte Berufe den jüngsten Fortschritten der KI am stärksten ausgesetzt.[5]

Niemand kann heute genau sagen, wie sich die rasante technologische Entwicklung auf unser Leben und die Zukunft der Arbeit auswirken wird. Darum ist es wichtig, die Pausetaste zu drücken und uns Zeit zum Nachdenken zu nehmen: Was ist KI eigentlich? Wie und wo wollen wir sie einsetzen? Welche Herausforderungen sind ihr eigen? Welche Möglichkeiten bietet sie uns?

Zum Beispiel könnte die KI uns mühsame, belastende Aufgaben abnehmen und so die wachsende Arbeitsdichte reduzieren. Wäre es nicht wunderbar, wenn wir künstliche Unterstützung hätten bei Aufgaben, die sich leicht automatisieren ließen, wie zum Beispiel Standard-Antworten auf E-Mails verfassen, Termine koordinieren oder Reisen buchen? Richtig eingesetzt, könnte sie unser Arbeitsleben entschleunigen und uns mehr Freizeit schenken.

Sicher ist: KI kann im besten Fall ein Werkzeug sein, um uns Arbeit abzunehmen und uns zu entlasten. Würden routinehafte und kleinteilige Aufgaben von der KI übernommen werden, hätten wir Kapazitäten frei und könnten uns auf größere Zusammenhänge fokussieren.

Doch die Realität sieht anders aus: Unternehmen, die KI entwickeln, und Arbeitgeber:innen, die KI einsetzen, verfolgen damit vorwiegend wirtschaftliche Interessen. Das Wohl der Beschäftigten ist im besten Fall sekundär. Anstatt eine Entlastung zu erwirken, droht also die weitere Beschleunigung. Mit dem Einsatz digitaler Arbeitsmittel, wie E-Mail, Video-Telefonie oder Clouds zur gemeinsamen Nutzung von Dokumenten, ist die Geschwindigkeit der Arbeitsabläufe gestiegen. Arbeitstempo, Arbeitsverdichtung und Arbeitsintensität nehmen mit der Digitalisierung weiter zu.[6]

Um das zu verhindern, müssen wir von passiven KI-Nutzer:innen zu kritischen „Zukunfts-Designer:innen"[7] werden. Nur wer lernt, die KI zu verstehen und sie bewusst zu nutzen, überlässt sie nicht jenen, die rein profitorientierte Ziele verfolgen, sondern trägt dazu bei, dass KI zu einem digitalen Werkzeug für mehr Nachhaltigkeit in der Arbeitswelt wird. Denn kreativ eingesetzt, kann die KI uns helfen, Probleme zu bewältigen oder uns zu neuen Lösungen zu inspirieren. Dafür sind ein Perspektivwechsel, eine neue Betrachtungsweise und neue Fähigkeiten erforderlich. Wir sind aufgefordert, die eigene Vorstellungskraft zu aktivieren, kritisch die richtigen Fragen zu stellen, aus Fehlern zu lernen und zu reflektieren.

Die Verantwortung, wie wir mit KI umgehen und lernen, mit ihr zu arbeiten, darf jedoch nicht auf einzelnen Personen lasten. Schließlich geht es auch um eine Frage der Verteilungsgerechtigkeit: Wer profitiert vom Vormarsch der KI in der Arbeitswelt? Wer partizipiert an den Chancen, und wer wird zurückgelassen? Sie kann nämlich – und das ist die große Gefahr, die ich sehe – dazu eingesetzt werden, Menschen zu kontrollieren und noch mehr Leistungsdruck aufzubauen.

Arbeitgeber:innen sind verpflichtet, ihre Fürsorgepflicht gegenüber den Beschäftigten wahrzunehmen, und Politik und Gewerkschaften müssen sich fragen: Was können wir tun, damit KI zu einer gerechten und nachhaltigen Arbeitswelt beiträgt? Denn der Mensch sollte im Mittelpunkt stehen, nicht Unternehmensgewinne.

Die KI & ich

Im Dezember 2022 erfuhr ich das erste Mal von ChatGPT. Ich bekam eine persönliche Nachricht aus dem Freundeskreis: „https://chat.openai.com/chat Frag die was. – Irgendwas." Zuerst reagierte ich eher widerwillig darauf, ChatGPT selbst auszuprobieren. Ich musste ja nicht bei allem als Erste dabei sein, dachte ich. Zu dem Zeitpunkt war mir nicht bewusst, dass es sich hier um einen historischen Wendepunkt handeln würde. Die KI-Entwicklung erlebte einen Durchbruch, und dieser würde bald überall, vom Büro bis zum Küchentisch, diskutiert werden. Anfangs verstand ich nicht, was ich auf der Website tun sollte, was der Mehrwert für mich sein könnte. „Und was soll ich da jetzt eingeben?", dachte ich. Mit der Hilfe eines Freundes begann ich schließlich, meine ersten Anweisungen, auch „Prompts" genannt, für die KI zu schreiben. Anfangs war ich dabei noch sehr unsicher. Aber je mehr ich die KI fragte und in Übung kam, umso sicherer wurde ich.

Als Arbeitsexpertin untersuche ich die Transformation der Arbeitswelt mit Blick auf gesellschaftliche, soziale, feministische und persönliche Aspekte. 2017 habe ich mein Zukunftslabor in Wien als Plattform gegründet, die es ermöglicht, Ideen und Zukunftsvisionen zu entwickeln und dabei junge, weibliche Stimmen sichtbar macht. Ich wollte damals nicht einsehen, dass ausschließlich ältere Männer, meist Philosophen oder Business Manager, darüber sprechen, wie wir in Zukunft arbeiten würden. Seither liegt mein Fokus auf der Frage, wie wir Arbeit fairer und nachhaltiger, auf Augenhöhe gestalten können. In meinen Forschungs- und Beratungsprojekten mit Unternehmen, öffentlichen Institutionen und Interessensvertretungen geht es mir darum, herauszufinden, wie sich die Menschen ihre Arbeit der Zukunft ausmalen. Ich bin also keine KI-Expertin. Ich bin nicht einmal sonderlich technikaffin. Aber die Frage nach der künftigen Rolle der KI in der Arbeitswelt ist dringend geworden, und es braucht viele verschiedene Perspektiven für das große Bild. Hier ist meine.

Sie ist das vorläufige Ergebnis meiner Erforschungen auf einem Gebiet, das teilweise noch im Entstehen begriffen ist und sich sehr schnell verändert. Es gibt mehr Fragezeichen als Antworten. Meine Herangehensweise ermöglicht einen niedrigschwelligen Einstieg in dieses hochkomplexe Themenfeld. Ich möchte mit Überlegungen dazu beitragen, Barrieren abzubauen. Dieser Text ist für Leser:innen, die neuen Technologien und der Digitalisierung grundsätzlich kritisch gegenüberstehen, und für alle, die sich – so wie ich anfangs – mit der KI nicht wirklich beschäftigen wollen, aber wissen, dass sie es sollten.

Ich nähere mich dem Thema, inwiefern KI ein Jobkiller ist oder eine Chance sein kann, mit einer autoethnografischen Methode: Ich rede mit Expert:innen, ich höre in Alltagssituationen Menschen zu, und ich recherchiere und reflektiere meine eigene Situation.

Wenn ich heute auf meine Vergangenheit als Juristin in einem Ministerium zurückschaue, überlege ich: Wie hätte KI mich entlasten können? Ich denke dabei sofort an die mühsame legistische Arbeit, die Erstellung von Rechtstexten oder die oft langwierige Recherche in Fachliteratur und digitalen Rechtsinformationssystemen. Aber auch an das Schreiben von

Dokumentationen und das langweilige Anlegen von Akten. Eine KI, die Rechtstexte entwirft, die einem Recherche und nervige Büroarbeit abnimmt? Das wäre wirklich toll gewesen. Hätte ich damals Angst bekommen, dass mein Job aufgrund der KI obsolet wird? Meine Antwort ist eindeutig: Nein. Denn als Juristin muss man komplexe Probleme und (zwischenmenschliche) Konflikte lösen. Wenn KI einem die mühsame Arbeit abnimmt, hat man mehr Zeit, sich den spannenden Problemlösungen zu widmen. Das hielt ich dann auch dem Unwohlsein des Jura-Studenten entgegen, der mir nach meinem TV-Interview geschrieben hatte.

Ich nahm seine Ängste ernst und zeigte auf, dass ihm das Studium die Möglichkeit gibt, jene Kompetenzen zu erlernen, die den Kern des Berufes ausmachen, wie zum Beispiel analytisches und kritisches Denken, das Verständnis und die Vermittlung komplexer Sachverhalte, Problemlösungskompetenz und die Werkzeuge für Konfliktlösung.

Was KI ist und wofür sie eingesetzt wird

Schon jetzt gibt es unzählige, leicht zugängliche KI-Tools, die den Arbeitsalltag erleichtern sollen. ChatGPT ist wohl das bekannteste. Als ich in Betracht zog, einen Podcast zu starten, nutzte ich ChatGPT häufig. Ich fragte nach passenden Titeln, nach inhaltlichen Vorschlägen, nach möglichen Gesprächspartner:innen und einer Marketingstrategie. Auf Knopfdruck bekam ich Antworten, die auf den ersten Blick sehr erstaunlich waren. Es wirkte so, als hätte ich sie selbst geschrieben, sprachlich und inhaltlich. Was mich noch mehr überraschte: Ich hatte, auch wenn ich es natürlich besser wusste, das Gefühl, dass ich tatsächlich gerade mit einem Menschen kommunizierte. Warum eigentlich?

Was ist diese KI, von der alle reden?

Obwohl KI im Alltag sehr präsent ist, gibt es weder in der Wissenschaft noch in der Praxis eine eindeutige Definition. In vielen Anwendungen ist sie bereits vorhanden: in Online-Suchmaschinen, in Übersetzungsprogrammen, der Gesichtserkennung bei Smartphones oder in Navigationssoftware. Anders als die menschliche Intelligenz funktioniert die KI immer nur für den Bereich, für den sie trainiert wurde, wie zum Beispiel die Übersetzung von Texten.

Die australische Autorin, Forscherin und Künstlerin Kate Crawford bringt es in ihrem Buch „Atlas of AI"[8] auf den Punkt: Was KI ist, hängt davon ab, wen man fragt. KI sei jedenfalls weder künstlich noch intelligent, so Crawford. Denn KI-Systeme bestehen aus natürlichen Ressourcen, benötigen Treibstoff und Logistik und sind daher nicht autonom. Auch sind sie nicht rational in ihrem Verhalten. Ohne ein umfassendes Training sind sie nicht fähig, mit großen Datensätzen zu arbeiten. Vielmehr hängt die Leistungsfähigkeit und das Einsatzgebiet der künstlichen Intelligenz von politischen und sozialen Strukturen ab, die wiederum von Menschen gemacht sind. Aufgrund des hohen Kapitals, das notwendig ist, um KI im großen Umfang zu entwickeln, ist diese so gestaltet, dass sie herrschenden Interessen dient. Künstliche Intelligenz ist so gesehen ein Zeichen von Macht.[9] Wie sich die Machtfrage konkret in der Arbeitswelt zeigt, beschreibe ich in den nächsten Kapiteln.

KI lässt sich vereinfacht als das Vermögen einer Maschine zusammenfassen, menschliche kognitive Fähigkeiten zu imitieren. Darunter fallen etwa logisches Denken, Lernen, Planen und Kreativität. Um Texte schreiben, Marketingpläne konzipieren oder Informationen recherchieren zu können, muss KI zunächst mit großen Datenmengen gefüttert und trainiert werden. Dieses Training wird häufig mit der Technik des „Machine Learning" durchgeführt, bei dem die KI Muster in den ihr zur Verfügung gestellten Informationen erkennt.

ChatGPT, also jene KI, die den aktuellen Hype auslöste, wird der Gruppe der „generativen KI" zugeordnet. Das ist ein Sammelbegriff für KI-basierte Systeme, mit denen Bilder, Videos, Audios, Texte, Codes, 3D-Modelle und Simulationen produziert werden. Dabei sollen menschliche Fertigkeiten erreicht oder gar übertroffen werden.[10] Wie gut die Ergebnisse sind und ob wir sie sinnvoll nutzen können, hängt einerseits von den Daten ab, mit denen die KI trainiert wurde, andererseits davon, wie wir die KI nutzen. Das Verfassen spezifischer, genau abgestimmter Anweisungen und das Stellen der richtigen Fragen sind Fähigkeiten, die wir erst noch erlernen müssen und für die es jeweils Expertise braucht.

Doch anders als der aktuelle Hype vermuten lässt, ist KI eigentlich ein alter Hut; der US-amerikanische Designer, Technologe und Buchautor John Maeda, heute als Vice President of Design and Artificial Intelligence für Microsoft tätig,[11] beschreibt in seinem Buch „How to Speak Machine"[12] aus dem Jahr 2019, dass es KI bereits seit über 50 Jahren gibt. Das ursprüngliche Ziel war es, Computer zum Denken zu bringen. Maeda sah jedenfalls einen KI-Sommer ausbrechen – und sollte recht behalten. Unternehmen und öffentliche Institutionen fördern weltweit die Entwicklung mit viel Geld, und nur ein paar Jahre nach Veröffentlichung von Maedas Buch sehen, spüren und erfahren wir, wie sich diese Investitionen auf unsere Arbeit und unser Leben auswirken.

Kürzlich wurde ich auf die amerikanische Video-Journalistin Cleo Abram aufmerksam, die in ihrem Youtube-Kanal „Huge If True" technische Entwicklungen optimistisch erklärt. Eines ihrer Videos trägt den Titel „The Real Reason Everyone's Fighting Over AI (feat. former Google CEO)“[13]. Sie zeigt darin, dass die Möglichkeiten, KI zu verwenden, enorm gewachsen sind. Das sei vielversprechend, aber auch beängstigend. „Wir haben also diese Technologie, die lernen kann. Und sie lernt schnell.“ Cleo verweist auf das viel beachtete „Statement on AI Risk“[14], unterzeichnet von bekannten KI-Expert:innen und mächtigen Stimmen aus Wissenschaft und Wirtschaft. Viele der an dem Statement Beteiligten befürworten eine Pause der KI-Entwicklung, um die gravierenden Risiken und Gefahren zu diskutieren.

Interessant finde ich in diesem Zusammenhang, dass zwischen starker und schwacher KI unterschieden wird. Hinter dem Begriff der starken KI steckt die Idee, dass Computer menschliches Denken nachbilden können. Das würde bedeuten, Maschinen hätten die gleichen kognitiven Fähigkeiten wie Menschen. Doch diese Idee ist bisher nicht realisiert worden. Vielmehr zählen die KI-Systeme von heute zur schwachen KI.[15] Darunter können wir uns eine

Sammlung von Software und Hardware vorstellen, die bestimmte Aufgaben löst, für die sie davor mit großen Datenmengen gefüttert und trainiert wurde.

Für unser Verständnis von KI sind drei Aspekte wichtig, die wir aus diesem Kapitel mitnehmen können:

1. Maschinen können nur das tun, was wir ihnen vorgeben und was sie von uns lernen können.
2. KI verstärkt bestehende gesellschaftliche, politische und wirtschaftliche Kräfteverhältnisse.
3. KI ist daher ein Instrument zur Stabilisierung von Machtverhältnissen.

Wie KI eingesetzt wird und wer sie nutzt

Seit Ende des Jahres 2022 beobachte ich, dass mehr und mehr Menschen in meinem Umfeld privat und beruflich mit KI-Anwendungen experimentieren. Wobei wir im Alltag oft nur einen kleinen Bereich der KI nutzen – jenen, der leicht und barrierefrei zugänglich ist und scheinbar ohne Kosten für uns. So probieren wir unterschiedliche Apps und Websites aus, generieren Texte und Bilder. Die Neugier ist ansteckend, und es gibt viel auszuprobieren und zu testen.

So teilt zum Beispiel der Online-Journalist Andreas Sator über soziale Netzwerke seine Experimente mit KI.[16] Ein Student schreibt mir eine Bewerbung per E-Mail, die er von ChatGPT entwerfen ließ, und meine Geschäftsfreund:innen aus dem Bereich Grafik und Design erzählen mir, welche neuen KI-Apps sie gerade spielerisch ausprobieren. Dabei fällt auf, dass besonders aktive und neugierige Nutzer:innen häufig in akademischen, kreativen, journalistischen oder technischen Bereichen beschäftigt sind. Und überdurchschnittlich oft sind sie jung und männlich. Sie nutzen mit großer Begeisterung die zahlreichen niedrigschwelligen, größtenteils frei zugänglichen KI-Anwendungen der großen Techunternehmen: ChatGPT (der berühmte Chat-Bot) von OpenAI, Vall-E (ein Stimmenimitator) von Microsoft, Dall-E (ein Bildgenerator) von OpenAI, Midjourney (ebenfalls ein Bildgenerator) des Unternehmens Midjourney.

Die Möglichkeiten, KI im täglichen Büro- und Arbeitsalltag einzusetzen, sind groß: Es gibt beispielsweise persönliche KI-Assistenten, die bei alltäglichen Büroarbeiten unterstützen. Sie helfen dabei, Dienstreisen zu organisieren, indem sowohl die Hotel- und Reisebuchungen als auch deren Abrechnung mit KI optimiert und vereinfacht werden. KI kann für uns Analysen durchführen, Recherchen anstellen oder Texte verfassen. Außerdem kann KI Protokolle von Meetings für uns schreiben und E-Mails beantworten, als hätten wir sie persönlich verfasst.

Gerade in kreativen Berufen hat die KI unterschiedlichste Einsatzbereiche. Architekt:innen und Grafiker:innen nutzen KI, um Bilder schneller und genauer zu bearbeiten, oder sie lassen sich von KI-generierten Bildern und Fotos inspirieren. Musiker:innen nutzen KI, um Stücke zu komponieren. Werbeagenturen generieren Fotos beziehungsweise Bilder für ihre Kampagnen. Ärzt:innen nutzen KI für ihre Diagnosen. Lehrer:innen verwenden KI, um ihren Unterricht vorzubereiten. Programmierer:innen nutzen KI, um Code besser und schneller zu schreiben. Journalist:innen setzen KI ein, um Fake News beziehungsweise Falschinformationen aufzuspüren. Künstler:innen nutzen Bild-Generatoren als Inspiration und als Werkzeug für ihre Kunstwerke.

Vorreiterin einer ethischen KI-Nutzung im Journalismus ist die APA (Austria Press Agentur), die größte österreichische Nachrichten- und Presseagentur. Früh wurde in der APA erkannt, dass KI einen grundlegenden Einfluss auf den Journalismus haben würde, und so wurde darüber nachgedacht, wie KI sinnvoll eingesetzt werden kann und welche Rahmenbedingungen und Regelungen für Journalist:innen notwendig sind. Heute nutzen APA-Redakteur:innen KI-Anwendungen auf vielfältige Weise und sie wissen, worauf sie zu achten haben.

In einem Prozess wurde mit den Redakteur:innen erarbeitet, wie KI im Bereich der journalistischen Arbeit genutzt werden soll. Das Ergebnis dieses Prozesses war die „Leitlinie zum Umgang mit künstlicher Intelligenz".[17] Diese bietet einen Handlungsrahmen für rechtlich und ethisch korrektes Verhalten beim

Einsatz und bei der Entwicklung von KI im Zusammenhang mit Produkten und Dienstleistungen der APA. Sie dient der Redaktion und dem Development als zentraler Maßstab für den Umgang mit KI. Die in den Ethik-Leitlinien enthaltenen Grundsätze wie Achtung der menschlichen Autonomie, Schadensverhütung, Fairness und Erklärbarkeit sind das Fundament für sämtliche aktuelle und künftige KI-Anwendungen.[18]

Ein konkreter KI-Anwendungsbereich für Journalist:innen ist etwa die Gesichtserkennung in Bild-Datenbanken, „Visual. Trust. AI" genannt. Wie funktioniert das? Früher mussten die Redakteur:innen für ein passendes Pressefoto einer Persönlichkeit öffentlichen Interesses, zum Beispiel aus Politik oder Sport, Millionen von Bildern in Datenbanken durchsuchen. Heute wird dafür ein KI-Personenfilter mit Gesichtserkennungssystem („Face Recognition") eingesetzt. Das Programm kann nur Personen finden, die aktiv eingespeist wurden. Außerdem stehen nur Bildquellen zur Verfügung, die dem Urheberrecht entsprechen. Die Datenbank besteht aus Bildern, die von

Bildjournalist:innen geprüft und beschriftet wurden. Erfasst sind ausschließlich Personen des öffentlichen Lebens. Die Auffindbarkeit der gesuchten Menschen wird so erleichtert, aber die Bewertung des Bildinhalts muss die Redaktion vornehmen. Damit dieses Programm auch genutzt wird und tatsächlich eine Erleichterung im Arbeitsalltag bringt, gibt es interne Schulungsmaßnahmen.[19]

Anders als bei der APA wird KI von vielen anderen Unternehmen und öffentlichen Organisationen ohne ethische Leitsätze eingesetzt. Dadurch besteht beispielsweise die große Gefahr, dass die KI zur Gesichtserkennung missbräuchlich eingesetzt wird. Big Brother lässt grüßen. Wird die Technologie regelkonform eingesetzt und nutzen wir sie, um beispielsweise das eigene Smartphone zu entsperren, sind die Risiken eher gering. Gefährlich und problematisch wird die Gesichtserkennung vor allem, wenn sie im öffentlichen Raum zur biometrischen Überwachung eingesetzt wird.[20]

Außerdem wird KI inzwischen häufig in Konzernen eingesetzt, um Produktions- und Arbeitsabläufe zu optimieren und zur Zielerreichung die Beschäftigten zu überwachen. Ein oft zitiertes Unternehmen in diesem Zusammenhang ist Amazon, einer der größten privaten Arbeitgeber und ein Vorbild für Effizienz, das viele Unternehmen nachzuahmen versuchen. Die Autorin Kate Crawford beschreibt in ihrem Buch „Atlas of AI“[21] einen Betriebsbesuch in einem „Fulfillment Center“ von Amazon in den USA. Crawford berichtet, dass dort mit Hilfe von KI jeder Arbeitsschritt kontrolliert wird. Die Beschäftigten müssen einchecken, wenn sie in der Halle eintreffen, und werden dann – genauso wie die Pakete – überall überwacht, um die größtmögliche Effizienz für den Betrieb zu erreichen. Jede Schicht ist zehn Stunden lang. Sie dürfen in jeder Schicht nur 15 Minuten *off-task* sein und haben eine unbezahlte Essenspause von genau 30 Minuten.

So werden Menschen immer mehr wie Roboter behandelt. Der fortschreitende Einsatz von KI in Unternehmen kann also im schlimmsten Fall dazu führen, dass nicht die Menschen Maschinen und Roboter als Hilfsmittel benutzen, die ihnen Arbeit abnehmen, sondern dass Menschen im Zuge des Einsatzes von KI am Arbeitsplatz selbst zu Robotern degradiert werden. Sie müssen funktionieren wie Maschinen, und ihr Wohl und ihre Würde werden der Gewinnmaximierung untergeordnet.

Dabei handelt es sich historisch betrachtet um ein altes, zentrales Anliegen von Arbeitgeber:innen. Bereits zu Beginn des 20. Jahrhunderts war es das Ziel, Fabrikarbeiter:innen zu überwachen und mit strikten Kontrollen einen effizienten Produktionsablauf zu gewährleisten. In unserer Gegenwart haben sich vielleicht die Methoden geändert, nicht jedoch das Ziel. Heute überwachen Unternehmen digital die Arbeitsabläufe und das Verhalten der Beschäftigten, um die Effizienz zu steigern. So wird der Druck auf die Beschäftigten erhöht, ständig mehr zu leisten, und Mitarbeitenden, die nach diesen Messungen „unterbeschäftigt" wirken, werden neue Aufgaben zugeteilt, sodass sie immer bis zum Limit ausgelastet sind.[22]

KI, ein Jobkiller

Wer die Schlagzeilen verfolgt, könnte den Eindruck bekommen, dass es bereits eine Tatsache ist: Die KI ist ein Jobkiller, der viele Menschen arbeitslos machen wird, da sie Arbeitsprozesse vereinfacht und beschleunigt. „Klaut KI meinen Job, während ich in der Kaffeepause bin?“,[23] lautet die bange Frage, die gleichzeitig titelgebend ist für einen Beitrag im Deutschlandfunk. Denn während manche sich von dem KI-Hype inspiriert fühlen, schleicht sich bei anderen ein ungutes Gefühl, sogar eine Angst ein: Wenn die KI so viele Aufgaben übernehmen kann, was bleibt mir dann noch? Wird mein Arbeitgeber auf die Idee kommen, dass eine KI schneller und billiger ist als eine menschliche Arbeitskraft?

Auf der anderen Seite fürchten sich Menschen, die sehr viel Zeit und Kraft ins Erlernen ihrer Fähigkeiten investiert haben, dass Mitbewerber:innen mit KI-Spezialwissen auf dem Arbeitsmarkt klar im Vorteil sind. Wo zuvor ihre Erfahrung und Professionalität nötig waren, werden sie in Zukunft möglicherweise durch technikaffine Konkurrent:innen plus KI ersetzt.

Wird es in Zukunft noch Sekretär:innen, Buchhalter:innen, IT-Administrator:innen, Kundenberater:innen, Jurist:innen, Polizist:innen, Journalist:innen, Ärzt:innen, Lehrer:innen, Psycholog:innen oder Grafikdesigner:innen geben? Oder sind das aussterbende Berufe, weil KI die Arbeit zukünftig besser und kostengünstiger machen wird? Ich frage eine Freundin, die als Grafikdesignerin arbeitet, ob sie Angst davor hat, dass ihr Job überflüssig wird. Sie zeigt sich ambivalent: Persönlich fürchtet sie nicht, dass ihr Job nicht mehr gebraucht wird. Sie ist neugierig und erkennt spannende Möglichkeiten darin, KI als Werkzeug zu nutzen, die eigenen Fähigkeiten auszubauen und zu überraschenden Ergebnissen zu kommen. Andererseits hat sie Bedenken, dass die Qualität in ihrer Profession gefährdet ist. Denn mit Hilfe von KI sind Grafikdesigns scheinbar für alle leicht zu erstellen und das Niveau leidet dadurch. Im Bereich der Werbung ist es bereits gang und gäbe, dass Werber:innen mit Hilfe von KI-Programmen Grafiken und Fotos erzeugen.

Müssen wir nun also alle Angst davor haben, dass KI uns unsere Jobs abspenstig macht? Wie sieht die Realität aus? Welche Gefahren drohen, wenn KI mehr und mehr unsere Arbeitswelt durchdringt? Ist etwas dran am Jobkiller-Mythos? Wird künstliche Intelligenz in Zukunft ganze Branchen aussterben lassen, da sie überflüssig werden? Ist die Angst berechtigt, dass Berufsfelder verschwinden und Menschen ihre Arbeitsplätze verlieren?

Bevor wir diesen Punkten an ausgewählten Beispielen nachgehen, möchte ich ein kleines KI-Experiment vornehmen und stelle eine Frage an ChatGPT: „Nenne Gründe, warum die KI ein Jobkiller ist.“ Innerhalb weniger Sekunden bekomme ich eine Antwort:

1. KI ist ein Jobkiller, da sie Routineaufgaben automatisiert und repetitive und standardisierte Aufgaben effizient und genau erfüllen kann (z. B. im Handel, Industrie, Dienstleistung).
2. KI ist ein Jobkiller, da sie die Produktivität verbessert, indem sie schneller und genauer ar-

beitet als der Mensch und so weniger menschliche Arbeitskraft benötigt wird, um die gleiche Arbeitsmenge zu erledigen (z. B. Chatbots im Kundensupport).

3. KI ist ein Jobkiller, da sie den Bedarf an Fachkräften reduziert, wie z. B. durch den Einsatz von Diagnosesystemen in der Medizin und Rechtsanwalts-KI-Systemen.

Stimmen diese Aussagen? Oder hat sich ChatGPT diese drei Gründe herbeifantasiert?[24] Für den Evidenz-Check ziehe ich zwei internationale Studien heran, die uns bei der Beurteilung weiterhelfen können.

Die Studie „Generative AI and Jobs: A global analysis of potential effects on job quantity and quality" der International Labour Organization (ILO)[25] aus dem Jahr 2023 untersucht die Auswirkungen der generativen KI (z. B. ChatGPT) auf den Arbeitsmarkt. Sie kommt zu dem Ergebnis, dass der Alarmismus und die Angst vor der KI als Jobkiller zwar unberechtigt sind. Der ILO-Studie zufolge ist es unwahrscheinlich, dass von heute auf morgen Jobs einfach verschwinden werden. Vielmehr werden spezifische Aufgaben automatisiert und so wird Zeit frei für andere Aufgaben. Die Studienautor:innen stellen aber dennoch klar, dass ihre Studie nicht beruhigen soll, sondern ein Aufruf an die Entscheidungsträger:innen ist, konkrete Schritte zu unternehmen, um auf die schnellen technologischen Entwicklungen zu reagieren. Hier sollten insbesondere die Bedenken der betroffenen arbeitenden Menschen gehört werden, bestehende Schutzregelungen und Arbeitsrechte müssen beachtet werden und die Weiterbildung der notwendigen Skills muss unterstützt werden, um den Einsatz von KI am Arbeitsplatz fair umzusetzen. Ohne entsprechende Maßnahmen droht die Gefahr, dass die Auswirkungen auf betroffene Beschäftigte brutal sind, so die Studie.[26]

Im OECD-Beschäftigungsausblick 2023 für Deutschland[27] wird die Rolle der KI auf dem Arbeitsmarkt untersucht. Auch diese Studie kommt zu dem Schluss, dass keine akute Gefahr besteht, dass KI als Jobkiller wirkt. Lediglich einige wenige Befunde legen nahe, dass aufgrund von KI der Bedarf an qualifizierten Arbeitskräften zurückgegangen ist. Für die Zukunft wird eine Zunahme dieses Bedarfsrückgangs aber nicht ausgeschlossen. Da die KI-Nutzung noch relativ wenig verbreitet ist, obwohl sich die Technologie schnell entwickelt, kann es einige Zeit dauern, bis sich der Einsatz von KI negativ auf dem Arbeitsmarkt zeigt.

Die OECD unterscheidet zwischen hochqualifizierten Arbeitskräften und Berufen mit niedrigerem Qualifikationsniveau und hebt hervor, dass hochqualifizierte Berufe durch die jüngsten Fortschritte der KI am stärksten bedroht sind. In diesem Bereich entsteht gleichzeitig aber mehr neuer Beschäftigungsbedarf als in Berufen mit niedrigerem Qualifikationsniveau. KI scheint die Kompetenzen in den hochqualifizierten Berufen eher zu ergänzen, als sie zu ersetzen. Das Risiko, von der KI durch Automatisierung ersetzt zu werden, ist daher wiederum am größten bei Tätigkeiten, die geringere Kompetenzen erfordern und überwiegend von jüngeren Arbeitskräften ausgeübt werden. Demnach sind also besonders junge, weniger qualifizierte Menschen von der KI als Jobkiller betroffen.

Wie schätzen junge Menschen, die mit Smartphones und Social Media aufgewachsen sind, ihre Situation im Hinblick auf KI und ihre Chancen auf dem Arbeitsmarkt ein? Aufschluss darüber gibt die Ö3-Jugendstudie 2023.[28] Im Rahmen dieser Online-Studie in Österreich wurden rund 40.000 junge Menschen zwischen 16 und 25 Jahren zu ihrer Einstellung zu Arbeit, Technologie und Freizeit befragt. Im Themensegment Arbeit und KI antworteten 46 Prozent, dass sie KI super finden, da sie uns viele Aufgaben abnehmen wird. 54 Prozent hingegen haben Angst vor der KI, da sie fürchten, dass diese sie irgendwann ersetzen wird. Nur 19 Prozent verwenden ChatGPT oder andere KI-Chatbots, zum Beispiel bei den Hausaufgaben. 37 Prozent sind offen dafür, sie zu nutzen, und 45 Prozent verwenden keine KI-Tools. Besonders auffällig ist der Zusammenhang zwischen Angst vor Ersetzbarkeit und formaler Qualifikation: Je geringer die Qualifikation, desto eher gehen die jungen Menschen von ihrer Ersetzbarkeit aus. Die formal Hochqualifizierten sind sich sicher, im Wettlauf mit der KI die Oberhand zu behalten.

Wie KI Ungerechtigkeiten manifestiert

KI am Arbeitsplatz ist nicht neutral – auch wenn sie vorgibt, es zu sein und ihre Schöpfer:innen es ebenso gern behaupten. Ihr Einsatz wirkt sich auf Beschäftigte unterschiedlich aus: Für manche stellt KI keine Bedrohung dar, für andere schon. Neben der generellen Angst um den Job kann KI auch als Bedrohung der gesellschaftlichen und betrieblichen Stellung wahrgenommen werden. Denn während innovative Geschäftsführende KI-Konferenzen besuchen und von neuen (Spar-)Möglichkeiten der KI träumen, kommen weniger technikaffine Mitarbeitende einfach nicht mit. Die *early adopters*, also jene, die KI und andere digitale Tools als Erste nutzen, nehmen diese Menschen als umständliche Blockierer:innen wahr: „Kollege oder Kollegin XY stellt sich schon wieder dagegen!"

Für eine ganzheitliche Betrachtung ist es nach meiner Erfahrung wichtig, einen Blick darauf zu werfen, wie unterschiedliche Nutzer:innengruppen insbesondere unter Berücksichtigung von Gender und Alter mit KI im Arbeitsalltag umgehen und wie sie unterstützt werden sollten. Dass eine differenzierte Betrachtung wichtig ist, zeigte mir ein Gespräch bei einer Veranstaltung im Herbst 2023, bei der ich einen Vortrag über die Veränderung der Arbeitswelt hielt. Im Anschluss kam die Betriebsrätin eines österreichischen Unternehmens zu mir und machte mich darauf aufmerksam, dass sich in ihrem Betrieb besonders ältere weibliche Beschäftigte schwer tun mit der zunehmenden Digitalisierung am Arbeitsplatz. Von der Geschäftsführung wird darauf keine Rücksicht genommen und es wird erwartet, dass die Mitarbeiterinnen auf dem neuesten Stand bleiben. Viele aber fühlen sich abgehängt.

Während meiner Recherche stieß ich auf eine Podiumsdiskussion im Rahmen eines Zukunfts-Symposiums 2023 in Wien. Dort fragte der Moderator eine renommierte österreichische Schriftstellerin und einen Schriftsteller: Wie halten Sie es mit der KI? Der Mann zeigte sich neugierig, sah darin ein nützliches Werkzeug und ein spannendes Thema für seine literarische Arbeit. Die Frau hingegen sah die KI-Entwicklung kritisch und meinte, sie werde KI nicht zum Thema ihrer literarischen Arbeit machen. Hier lässt sich ein Muster erkennen. Tendenziell sind es eher Männer, die neugierig darauf sind, sich näher mit KI zu beschäftigen.

Auffällig war während meiner Recherche außerdem, dass mir vor allem junge, technikaffine, weiße Männer erzählten, wo sie KI-Tools bereits bestens in ihr Arbeitsleben integriert hätten und sich so Arbeit abnehmen ließen: KI beantwortet ihre E-Mails oder recherchiert für Seminararbeiten. Ich habe für mein Forschungsprojekt auch einige fortgeschrittene weibliche Nutzerinnen getroffen. Dabei fiel mir auf, dass sie die KI sehr viel kritischer betrachten.

Ein weiterer Punkt: Die Geschwindigkeiten, mit denen neue Tools in den Arbeitsablauf integriert werden, driften innerhalb der Belegschaft häufig zu stark auseinander und stellen eine Gefahr für den sozialen Zusammenhalt in Betrieben dar. Beschäftigte, die sich abgehängt fühlen, geht es nicht gut und sie können sogar krank werden. Gute Arbeitgeber:innen erkennen diese unterschiedlichen Geschwindigkeiten und adressieren den Bedarf an Wissensvermittlung und Unterstützung. Fortbildungsmaßnahmen und Mentoring-Konzepte sind eine Möglichkeit zur Unterstützung der Beschäftigten. So fordert auch die Publizistin und Wissenschaftlerin Kate Crawford, anstatt Tech-Start-ups und (männliche) technische Visionäre zu glorifizieren, die gesellschaftliche Perspektive zu ändern und auf jene zu achten, die durch die KI benachteiligt oder von ihrer Nutzung ausgeschlossen werden.[29]

Auf Veranstaltungen, in Betrieben und in der Politik nehme ich ein steigendes Bewusstsein für das Thema wahr, Frauen für technische Berufe zu gewinnen. Zu den Bemühungen zählen zum Beispiel die Girl's Days für MINT-Berufe, also Berufe im Feld der Mathematik, Informatik, Naturwissenschaft und Technik. Hier gibt es einen großen Bedarf an Fachkräften, egal ob männlich oder weiblich. Doch obwohl seit Langem bekannt ist, dass Frauen und Mädchen weniger oft technische Berufsausbildungen und Studiengänge ergreifen, verändert sich das Bild kaum und die Bemühungen zeigen kaum Wirkung.

Zwei Studien aus 2023 zeigen, wo die Probleme liegen und wo man ansetzen müsste[30]. So können sich viele Schülerinnen, die für eine Studie der Fachhochschule Oberösterreich befragt wurden, eine Ausbildung im MINT-Bereich kaum oder gar nicht vorstellen. Dafür nennen sie vor allem zwei Gründe: Desinteresse und Respekt vor technischen Fächern. Die befragten Schülerinnen fänden MINT-Berufe attraktiver, wenn sie ein inklusiveres Image besäßen und die Verbindung zu Kreativität und gesellschaftlicher Relevanz deutlich würde. Hier lohnt es sich, nachzuforschen. Die „MINT the Gap!“-Studie des L&R Sozialforschungsinstituts zeigt, dass das Image der Technikbranche sehr stark von männlichen Klischees geprägt ist, und von diesen fühlen sich junge Frauen nicht angesprochen oder wollen kein Teil davon sein. Ein Blick in den Arbeitsalltag von Start-ups, die oft als Pionierunternehmen mit flachen Hierarchien glorifiziert dargestellt werden, zeigt die harte Realität: Dort wird ein gewinnorientierter Leistungsdruck gelebt, kaltes Wettbewerbsdenken und fehlende Kooperation prägen den Alltag, und familienfeindliche Strukturen sind weit verbreitet.

Diesen Studien zufolge werden Lösungen von den Betrieben und Bildungseinrichtungen gefordert, die aktiv werden müssen, damit sich mehr Menschen für den MINT-Bereich begeistern. Dazu zählen Gender- und Diversitätstrainings, Anti-Bias-Schulungen und Coachings für Lehrkräfte. Außerdem wäre es wichtig, authentische Role Models zu haben und ihnen eine Bühne zu geben. Einige Betriebe setzen bereits darauf, dass Mitarbeiterinnen im Rahmen von Berufsinformationsmessen und bei Besuchen in Schulen Einblicke in ihre Arbeit geben und Fragen beantworten.

Parallel muss in der Gesellschaft Aufklärungsarbeit geleistet werden, um ein Bewusstsein für reale Nachteile von Frauen in MINT-Berufen zu schaffen und um im Allgemeinen problematische Verbindungen zwischen Geschlechterstereotypen und bestimmten Berufen aufzulösen – und mehr Mädchen und Frauen für technische Berufe zu begeistern.

KI erhöht den Druck und führt zu Mehrarbeit

Spannend ist, dass digitalaffine KI-Nutzer:innen berichten, dass der Einsatz von KI nicht unbedingt entlastet, sondern teils (zunächst) zu Mehrarbeit führt beziehungsweise dadurch neue Aufgaben entstehen. Zu Anfang muss überlegt werden, wie man KI einsetzen möchte, dann muss die richtige KI-Anwendung recherchiert und der Umgang mit dieser erlernt werden. Außerdem ist es wichtig, die Ergebnisse zu prüfen und, falls man sie weiter nutzen möchte, sich über die urheberrechtlichen Einzelheiten zu informieren.

Die scheinbar unzweifelhafte Annahme, dass die KI automatisch Arbeit reduziert, müssen wir also kritisch hinterfragen. Wenn der KI-Einsatz bei der Arbeit nicht bewusst reflektiert wird, kann dies zu einer weiteren

Belastung der Beschäftigten führen. Ein gutes Beispiel, das wir alle kennen: Im Vergleich zum rein postalischen Briefverkehr ist mit dem Vormarsch der E-Mails unser Arbeitsaufkommen nicht weniger geworden – im Gegenteil!

Die Ergebnisse des DGB-Index *Gute Arbeit*, einer Initiative des Deutschen Gewerkschaftsbundes und dessen Mitgliedsgewerkschaften aus dem Jahr 2016, zeigen, dass bei 82 Prozent der befragten Beschäftigten die Arbeit durch Digitalisierungsprozesse beeinflusst wird, bei 60 Prozent davon in hohem oder sehr hohem Maße. Viele berichten von einer höheren Arbeitsbelastung, einer wachsenden Arbeitsmenge und mehr Multitasking. Außerdem ist bei der Mehrheit der Befragten die Überwachung und Kontrolle der Arbeitsleistung gestiegen. Die Erhebung zeigt auch, dass die Beschäftigten bei anstehenden digitalen Veränderungen ihrer Arbeit kaum beteiligt werden. So geben drei Viertel der Befragten an, keinen oder nur einen geringen Einfluss auf den Digitalisierungsprozess an ihrem Arbeitsplatz zu haben.[31]

Zusammengefasst lassen sich folgende mögliche Gefahren durch die KI in der Arbeitswelt ausmachen:

1. KI hat das Potential, ein Jobkiller zu werden.
2. KI verstärkt Ungerechtigkeiten.
3. KI erhöht den Druck und kann Mehrarbeit verursachen.

Im nächsten Abschnitt schauen wir uns an, welche Chancen die KI uns auf persönlicher und gesellschaftlicher Ebene bietet.

Welche Chancen KI bietet

Die KI hat das Potential, uns repetitive Arbeit abzunehmen, Prozesse zu beschleunigen und uns bei komplexen Aufgaben im Job zu unterstützen. Sie kann uns Zeit verschaffen, sodass wir uns auf das Wesentliche konzentrieren können. All das kann uns unter anderem mehr Freizeit und bessere Lebensqualität bringen. Damit KI aber zu einer guten Assistenz in unserem Arbeitsleben wird, müssen wir uns fragen: Wofür wollen wir sie überhaupt einsetzen? Im Folgenden konzentriere ich mich auf einige Aspekte, die nach meiner Erfahrung, die ich als Arbeitsexpertin gesammelt habe, immer wiederkehren und die ich daher als zentral erachte:

1. KI kann uns von mühsamen administrativen und eintönigen Aufgaben sowie der Last der zunehmenden Arbeitsdichte befreien. So verschafft sie uns Zeit zum Durchatmen und kann zur Verbesserung unseres Wohlbefindens beitragen. Wenn die Technik für uns die Arbeit erledigt, können wir uns zurücklehnen und haben mehr Zeit für unsere Freundschaften, Beziehungen, Familie und privaten Interessen. Außerdem ermöglicht sie uns, dass wir uns

auf unsere Kernkompetenz und die Arbeit, die wir wirklich machen wollen, konzentrieren können.

2. KI kann unsere menschlichen Fähigkeiten erweitern und uns helfen, komplexe Herausforderungen leichter zu bewältigen, wie zum Beispiel bei der Diagnose von Krankheiten oder beim Aufspüren von Fake News. Sie kann uns in kreativen Berufen inspirieren, uns neue Wege aufzeigen und auf bisher Unbekanntes hinweisen.
3. KI kann dazu anregen, über den Wert von Arbeit nachzudenken. Sie birgt das Potenzial, das Prestige bestimmter Berufsgruppen zu steigern, für die menschliche Zuwendung und Fähigkeiten grundlegend sind, etwa Soziale Arbeit, Pflege oder Handwerksberufe. Im besten Fall trägt die KI dazu bei, dass unsere Arbeitswelt und unser Wirtschaftssystem gerechter werden.

Soweit die Theorie. Wie sieht das Ganze jetzt in der Praxis aus? Schauen wir uns die drei vorgestellten Chancen genauer an.

KI befreit uns von der Arbeitslast

Für Beschäftigte sind in den letzten Jahren die Arbeitslast und der Druck massiv gestiegen. Viele Bereiche sind von Personaleinsparungen betroffen gewesen, andernorts stieg aufgrund hoher Unzufriedenheit die Fluktuation und neues Personal konnte kaum gefunden werden. So verteilte sich die anfallende Arbeit auf immer weniger Schultern und die Beschäftigten wurden an den Rand ihrer Belastbarkeit gedrängt.

Aufgrund der hohen Arbeitslast überlegen viele Angestellte, ihren Job an den Nagel zu hängen. Einer österreichischen Studie der Arbeiterkammer aus dem Jahr 2022 zufolge zogen vor allem Beschäftigte im Verkauf, in der Pflege, in der Bildung und in der Kinderbetreuung in Betracht, ihren Job zu wechseln: 25 Prozent der Beschäftigten im Unterrichtswesen und 25 Prozent im Gesundheits- und Sozialbereich dachten über eine Kündigung nach. Der meistgenannte Grund: schlechte Arbeitsbedingungen.[32]

Für diese Bereiche, von der Pflege bis zur Bildung, bietet der Einsatz von KI eine große Chance. Denn er kann helfen, die Arbeitsdichte im Hinblick auf administrative Lasten zu reduzieren. Wie das konkret aussehen könnte, muss jede Berufsgruppe für sich selbst erarbeiten. Lehrer:innen zum Beispiel könnten sich von KI dabei unterstützen lassen, Unterrichtsmaterialien vorzubereiten oder Schulausflüge zu organisieren. Pflegekräfte könnten sich bei der Dokumentation und der Einsatzplanung unterstützen lassen. Dadurch würden zeitliche Ressourcen frei werden, was die Arbeitsqualität erheblich verbessert.

Heiß debattiert wird auch immer wieder die Verkürzung der wöchentlichen Arbeitszeit für Vollzeitbeschäftigte. Von Seiten der Gewerkschaften wird gefordert, dass die Arbeitszeit verkürzt werden muss, um die Arbeitsbelastung für Beschäftigte zu reduzieren. Von Seiten der Wirtschaftsvertretungen hingegen heißt es, das könnten wir uns nicht leisten. Dabei wird auf den Fachkräftemangel verwiesen. In vielen Branchen fehle das Personal, um die anfallende Arbeit zu erledigen. Die Lage werde sich in den nächsten Jahren noch verschärfen, denn durch die anstehende Pensionierungswelle fielen künftig Arbeitskräfte weg, die aufgrund der demografischen Entwicklung nicht vollständig nachrücken werden. Also sollen die vorhandenen Arbeitskräfte mehr arbeiten – und überhaupt seien die Jungen faul, weil sie nicht mehr leisten wollen.

In diesen Diskussionen wird selten darüber nachgedacht, wie es möglich wäre, mit einem sinnvollen Einsatz von KI den Beschäftigten Aufgaben abzunehmen, sie somit zu entlasten, während gleichzeitig die Produktivität gesteigert wird. Paradoxerweise ist es dennoch gerade die Wirtschaft, die KI als Chance feiert. Allerdings steht dabei nicht die Entlastung der Arbeitnehmenden im Fokus, sondern ausschließlich die Steigerung der Effizienz, der Produktivität und des Gewinns.

Die Debatte rund um die Arbeitszeit muss im Hinblick auf die rasche Entwicklung der KI neu gedacht werden. Die Leitfrage der Akteur:innen in Wirtschaft und Politik müsste lauten: Wie und wo muss die KI in den Unternehmen eingesetzt werden, damit die Beschäftigten entlastet werden? Das steht nicht im

Widerspruch zu einer nachhaltigen Wirtschaft. Denn eine geringere Arbeitslast bedeutet mehr Wohlbefinden, weniger Krankenstände und Burn-outs bei gleichzeitig höherer Motivation der Beschäftigten. Ganzheitlich betrachtet sollte der Einsatz von KI vorrangig der Entlastung der Menschen dienen.

KI erweitert unsere Fähigkeiten und macht uns kreativer

Die Entlastung durch die KI kann uns kreativer machen und uns neue Wege eröffnen. Denn einerseits nimmt KI uns im Idealfall repetitive und zeitintensive Aufgaben ab, sodass wir mehr Zeit haben, um in Ruhe über Probleme nachzudenken, Neues auszuprobieren und Probleme innovativer und nachhaltiger zu lösen. KI kann uns außerdem mit ihren Vorschlägen in neue Richtungen lenken und zu neuen Lösungen inspirieren. Sie wird so zu einem Werkzeug für unsere kreativen Prozesse.

Für berufliche Gestalter:innen wie etwa Designer:innen bedeutet das, sich darauf konzentrieren zu können, originäre, wegweisende Ideen und Konzepte zu entwickeln. Davon ist auch Florian Kowatz überzeugt. Ich treffe den Soziologen, Creative Director und Geschäftsführer einer Wiener Branding- und Design-Agentur im Sommer 2023 in einem Wiener Gasthaus. Florian steht der KI sehr positiv gegenüber, er hat keine Angst vor der Konkurrenz. Vielmehr sieht er auf diesem Feld viele spannende Möglichkeiten und Chancen.

Im Herbst 2023 veröffentlichte er einen Text[33] auf seiner Website, in dem er über die Verantwortung von Gestalter:innen nachdenkt und aufzeigt, wie man mit mutigen und disruptiven Designansätzen zu einer verantwortungsbewussteren Arbeitsweise im Kontext von Kapitalismus und Konsum beitragen kann. Florian erzählte mir, dass er für die Vorbereitung des Textes einen Dialog mit einer KI führte. Er nutzte die KI, um seine Ideen, Gedanken und Theorien auszuarbeiten und in Form zu bringen.

KI kann unsere Fähigkeiten erweitern und uns helfen, komplexe Herausforderungen leichter zu bewältigen.

Sie hilft uns bei Aufgaben, die wir ohne die KI als Hilfsmittel nicht oder zumindest nicht so schnell lösen könnten. Beim Aufspüren von Fake News beispielsweise. Die bereits erwähnte österreichische Nachrichtenagentur APA entwickelte ein neues KI-Instrument[34], das Journalist:innen dabei unterstützt, digitale Inhalte zu überprüfen, sie auf ihren Wahrheitsgehalt hin abzuklopfen und Desinformation zu erkennen. Aufgrund der Informationsflut ist das manuell kaum mehr möglich. Wie funktioniert die KI hier als Instrument? Im ersten Schritt werden Texte, Fotos und Videos auf eine Online-Plattform hochgeladen oder entsprechende Webadressen eingegeben, die überprüft werden sollen. Dann sucht das KI-System nach Anhaltspunkten für Desinformation oder manipulierte Inhalte.

KI kann anregen, über den Wert von Arbeit nachzudenken

KI kann uns inspirieren oder neue Wege eröffnen. Sie gibt auch Anreiz, als Gesellschaft über den Wert von Arbeit nachzudenken und zu diskutieren. Wir wissen alle, dass eine Juristin besser bezahlt wird als eine Pflegekraft, ein Manager besser als eine Sozialarbeiterin oder ein ITler besser als ein Elementarpädagoge. Ist das fair? Wie lässt sich das rechtfertigen?

Die KI kann keine menschliche Zuwendung und auch keine handwerklichen und individuell-kreativen Fähigkeiten ersetzen, die besonders in der Sozialen Arbeit, der Pflege, in Handwerksberufen und der Kulturarbeit erforderlich sind. Hier stellt sich die Frage: Welcher Beruf, welche Arbeit ist wie viel wert?

Diese Wertedebatte ist dringend notwendig. Das zeigen meine Zukunftslabor-Projekte. In Gesprächen und Workshops erarbeite ich mit Schüler:innen, Studierenden und Berufseinsteiger:innen, wie sie sich die Arbeitswelt der Zukunft vorstellen, welche Wünsche und Erwartungen sie an ihre Arbeit haben. Wir entwickeln gemeinsam Vorschläge, wie sich ihr Arbeitsalltag verbessern könnte. Dahinter steckt die Vision, eine Brücke zu bauen zwischen den betrieblichen Anforderungen und den Bedürfnissen der Beschäftigten. Dabei achte ich besonders darauf, den Stimmen junger Frauen eine Plattform zu geben. Denn sie sind es, die erkennen, was schiefläuft, aber selten gehört werden. Häufig sind es wenig Wertschätzung, fehlende Einbindung und Kommunikation, Angst vor neuen Wegen oder ein geringer Zusammenhalt.[35]

Die Ergebnisse aus diesen Projekten diskutiere ich mit Arbeitgeber:innen und Führungskräften sowohl in Städten als auch in ländlichen Regionen im Rahmen meiner Vorträge, Workshops und Beratung, um einerseits mehr Verständnis für die Bedürfnisse junger Menschen zu bewirken, und andererseits denjenigen einen Perspektivenwechsel zu ermöglichen, die sich von den Forderungen der (jungen) Menschen angegriffen fühlen. Denn oft sind ältere Beschäftigte geprägt von einem traditionellen Arbeitsverständnis: Eine hohe Zahl an Überstunden etwa gilt ihnen als ein Zeichen von Leistung und führt zu Anerkennung. Der beliebte Satz „Das haben wir schon immer so gemacht" ist jedoch oft eher ein Ausdruck der Angst davor, Fehler zu machen und zu scheitern, als prinzipiell gegen neue Wege zu sein.[36]

Im März 2023 führte ich meinen ersten Workshop mit Auszubildenden durch. Die Jugendlichen erzählten mir, dass ihnen oft vermittelt würde, ihre Arbeit sei weniger wert als die anderer Mitarbeiter:innen, vor allem von Menschen, die studiert haben, denn: Du machst ja nur eine Lehre. Das muss sich ändern, auch um in Zukunft überhaupt noch Menschen dafür zu begeistern, ein Handwerk zu erlernen oder einen Pflegeberuf zu ergreifen. Im Kontext der aktuellen Debatte über die KI-Entwicklungen ist der Zeitpunkt gekommen, sich intensiv mit diesen Fragestellungen zu beschäftigen und sie öffentlich zu diskutieren.

Design your future – mit oder ohne KI

Die KI hat also großes Potenzial, zu einer fairen und besseren Arbeitswelt der Zukunft beizutragen. Vorausgesetzt, wir diskutieren endlich darüber, wie wir als Gesellschaft und als Individuen diese Möglichkeit nutzen wollen. Dafür müssen wir erst einmal die Pausetaste drücken. In Zeiten des KI-Hypes brauchen wir Raum, um uns in Ruhe mit allen Neuerungen zu beschäftigen, um Gefahren und Chancen abzuwägen, um Ideen und Erfahrungen auszutauschen und dann gemeinsam eine aktive Gestaltung der Zukunft anzugehen – als Zukunftsdesigner:innen.

Damit wir alle zu solchen Zukunftsdesigner:innen werden können, müssen wir unsere menschlichen Kompetenzen und Fähigkeiten bewusster ins Zentrum rücken: kritisches Denken, Empathie, kreative Lösungskompetenz, Vorstellungskraft und Erfinder:innengeist, Neugier, Mut zu neuen Wegen sowie kooperativ zusammenzuarbeiten und auf Augenhöhe zu kommunizieren. Wir müssen lernen, die KI zu nutzen und für unsere Interessen einzusetzen. Und wir müssen die Möglichkeit bekommen, die Zukunft mitzugestalten. Das ist notwendig, um uns nicht von der raschen KI-Entwicklung internationaler Tech-Konzerne unter Druck setzen zu lassen.

Jede:r sollte sich also ganz konkret für die eigene Arbeitssituation die Frage stellen: Inwiefern bin ich betroffen von der schnellen Entwicklung der KI? Was muss ich lernen? Von wem kann ich es lernen? Nur wer sich damit beschäftigt, wird nicht früher oder später das Gefühl haben, von den Entwicklungen überrollt zu werden.

Für die eingehende Beschäftigung mit den Herausforderungen durch die KI benötigen wir Zeit zur Reflexion, sichere Räume und Lernressourcen. Unternehmen, die Politik und Bildungsinstitutionen sind dafür verantwortlich, uns die notwendigen Mittel zur Verfügung zu stellen, damit eben nicht nur wenige vom KI-Hype profitieren, sondern alle mitkommen. Das ist die Grundvoraussetzung für einen optimistischen Blick in die Zukunft.

Im nächsten Kapitel diskutiere ich positive Zukunftsvisionen und was wir ganz konkret tun müssen, um sie zu verwirklichen.

Positiv in die Zukunft mit KI – und was wir dafür tun müssen

Wie oft denken wir darüber nach, wie unsere Zukunft aussehen soll? Was wünschen wir uns dann? Was sind unsere Vorstellungen? Diese Übung ist gar nicht so leicht. Sich die Zukunft vorzustellen, kann Ängste schüren angesichts multipler Krisen, Kriege und des alles überschattenden Klimawandels. Aber um die Zukunft aktiv mitzugestalten, müssen wir uns fragen: Wie wollen wir leben und arbeiten? Und wie kann uns die KI dabei helfen?

Wie wollen wir arbeiten?

Wenn ich mir ganz persönlich meine Zukunft ausmale, dann denke ich an Arbeit, die sinnstiftend ist, die mir Freude macht und mich nicht erschöpft. Ich sehe, dass mich meine Arbeit begeistert und motiviert. KI nimmt mir mühsame administrative und planerische Tätigkeiten ab, sodass ich mehr Zeit für das habe, was mir wichtig ist: neue Ideen und Projekte entwickeln, mich mit spannenden Menschen austauschen, kreativ sein, singen, Sport treiben, reisen, schreiben, Erlebtes und Erlerntes vermitteln, Zeit mit meinem Hund Rosie verbringen, mit meiner Familie, Energie für Beziehungen und Freundschaften haben.

Auf gesellschaftlicher Ebene denke ich an eine Welt, in der wir alle, unabhängig von Geschlecht, Herkunft, Bildung, Ethnie und Religion, einen gerechten Zugang zu sinnvollen Jobs und Arbeitsbedingungen haben, die uns vor dem Ausbrennen schützen. Ich denke daran, dass KI so eingesetzt wird, dass sie uns von ermüdenden Tätigkeiten entlastet und wir die Arbeit verrichten, die uns erfüllt, weil sie zu unseren Werten, Talenten und Bedürfnissen passt.

Gleichzeitig stelle ich mir vor, dass der Fortschritt in der KI-Entwicklung dazu beiträgt, dass wir über politische Gräben hinwegsehen und gemeinsam intensiv über den Wert von Arbeit nachdenken. Sodass soziale, pflegende oder lehrende Berufe, die gleiche gesellschaftliche und finanzielle Anerkennung erfahren wie Vorständ:innen großer Konzerne. Es ist einfach ungerecht, dass der (oft männliche) Vorstand eines Unternehmens unverhältnismäßig viel mehr verdient als eine (oft weibliche) Pflegekraft. Dieser Hierarchie liegt ein zweifelhaftes Wertesystem zugrunde, das den Profit der Einzelnen über den Zusammenhalt aller stellt.

Die Frage, was für ein Gesellschafts-, Sozial- und Wirtschaftssystem dafür erforderlich ist, ob ein bedingungsloses Grundeinkommen oder eine Circular Economy die Lösung sein könnte, überlasse ich gern jenen, die sich als Ökonom:innen, Politolog:innen, Philosoph:innen oder Soziolog:innen damit auseinandersetzen. Ein Wirtschaftssystem, das auf Fürsorge[37] beruht, scheint mir hierfür jedenfalls essenziell.

In meiner Zukunftsvision stelle ich mir vor, dass wir heute beginnen, uns auf persönlicher und gesellschaftlicher Ebene damit zu beschäftigen, wie uns KI helfen kann und wie die Zukunftsvision einer gerechten Arbeitswelt realisierbar wird. Dafür müssen wir jetzt sehr viele Hebel in Bewegung setzen. Welche das sind, führe ich im nächsten Abschnitt aus.

Ausbildung in der KI für alle

Meine aktuellen Beobachtungen und Analysen der Medienlandschaft ergeben, dass sich die Debatte zu stark auf zwei Themen verengt. Einerseits: Ist KI ein Jobkiller? Und andererseits: Welche coolen KI-Tools gibt es? Oft fehlt eine ganzheitliche Diskussion darüber, was wir jetzt konkret tun müssen – persönlich, gesellschaftlich, politisch, in den Unternehmen –, damit KI zu einer Chance auf bessere und gerechte Arbeit für alle wird. Wir müssen uns alle mit diesem Thema beschäftigen, sonst tun es einige wenige über die Köpfe der anderen hinweg.

Besonders in Schulen, Universitäten und in der Erwachsenenbildung war der Widerstand im deutschsprachigen Raum zunächst heftig. Die Einbindung von KI in der Bildung und im Unterricht wurde mit großer Skepsis betrachtet. Aber das Bewusstsein wächst auch hier, dass KI nicht einfach wieder verschwinden wird, sondern unser (Arbeits-)Leben auf absehbare Zukunft ziemlich auf den Kopf stellt. So kommt es langsam, aber sicher zu einem Umdenken: Wir müssen aktiv werden, sichere Lernräume und Programme anbieten, damit alle Menschen bewusst lernen können, selbstwirksam und kritisch mit den Möglichkeiten dieses digitalen Instruments umzugehen.

Dafür sind aus meiner Sicht folgende Wege, Strategien und Instrumente notwendig, die nicht unabhängig voneinander gesehen werden können, sondern ineinandergreifen müssen:

1. Wir sind persönlich gefragt, uns mit der KI zu beschäftigen und dabei kritisch zu reflektieren: Was hat die KI eigentlich mit meiner Arbeit zu tun? Was soll mir die KI abnehmen und was nicht? Welche KI-Hilfsmittel gibt es? Welche Gefahren birgt deren Nutzung?

2. Schulen, Universitäten und die Erwachsenenbildung sollten den Rahmen und die Ressourcen für eine fundierte Auseinandersetzung zur Verfügung zu stellen. Sie sollten den Lernenden sichere Räume und die Zeit geben, um die KI in Ruhe kennenzulernen, Chancen und Gefahren zu identifizieren und KI aktiv einsetzen zu können. Dabei ist ein besonderer Fokus auf die unterschiedliche Herangehensweise und die Bedürfnisse verschiedener Gruppen zu legen.

3. Arbeitgeber:innen sind in der Verantwortung, am Arbeitsplatz personalisierte Fortbildungsangebote anzubieten, die auf die unterschiedlichen Geschwindigkeiten und Vorkenntnisse der Mitarbeiter:innen Rücksicht nehmen. Diese sollten niedrigschwellig sein, sodass auch weniger digital-affine Menschen sich angesprochen fühlen und gern teilnehmen.

4. Die Politik ist gefragt, die erforderlichen Rahmenbedingungen und finanziellen Mittel zur Verfügung zu stellen, damit die Ausbildung in der KI für alle möglich wird.

Nur so wird es gelingen, dass KI eine Chance zu Gestaltung einer fairen Arbeitswelt wird.

Ihr formt die KI, die KI formt nicht euch

Grundsätzlich müssen wir alle erst lernen, mit der künstlichen Intelligenz zusammenzuarbeiten. In diesem Zusammenhang möchte ich das Konzept des Digitalen Humanismus vorstellen, der fragt: Wie muss die Digitalisierung gestaltet werden, damit bei der Entwicklung neuer Technologien der Mensch im Mittelpunkt steht? In anderen Worten: Wie lässt sich Digitalisierung wertebasiert steuern?

2019 wurde das Wiener Manifest für Digitalen Humanismus verfasst, das Akteur:innen in Gesellschaft, Politik, Wissenschaft und Wirtschaft dazu aufruft, den digitalen Wandel aktiv zu gestalten. Den Initiator:innen ging es darum, zum Nachdenken und Handeln anzuregen. Das Manifest richtet sich unter anderem an akademische Communities, Pädagog:innen, Führungskräfte und Politiker:innen auf der ganzen Welt. Die zentrale Forderung des Aufrufs: „Mischt euch ein und beteiligt euch!" Lasst uns Technologien so formen, dass sie unseren Werten und Bedürfnissen entsprechen, und akzeptieren wir nicht, dass die Maschinen die Menschen formen.[38]

Nur wenige Jahre nach Veröffentlichung des Manifests ist der Begriff des Digitalen Humanismus aktueller denn je. Die Forderungen, auch im Hinblick auf KI und ihre Nutzung, müssen allerdings erst zum Leben erweckt werden: auf gesellschaftlicher, institutioneller und persönlicher Ebene. Wie das gelingen kann, zeige ich im nächsten Abschnitt. Dort geht es um eine Methode, um Instrumente und Ideen, die dabei unterstützen, mit mehr Freude und Neugier die Möglichkeiten der KI zu erkunden.

Wie KI im Bildungsbereich vermittelt wird

Schulen, Universitäten und Weiterbildungsstätten können den erforderlichen Lernraum und die Ressourcen bereitstellen, die uns dazu befähigen, auf individueller Ebene den verantwortungsvollen und niedrigschwelligen Umgang mit KI zu üben. Dafür sind neue Bildungsinhalte notwendig, die das Wissen aus den Geistes-, Sozial- und Ingenieurwissenschaften zusammenführen und die Kreativität, Reflexion und das ethische Handeln fördern. So können wir von passiven KI-Nutzer:innen zu aktiven, kritischen Zukunftsdesigner:innen werden.

Ein zentrales Thema, das in Zukunft immer größere Bedeutung bekommen wird, ist das Erlernen eines verantwortungsvollen Umgangs mit KI, gerade auch in Ausbildungsverhältnissen. Wie geht man mit Plagiaten und mit durch KI erstellte Seminararbeiten um? Wer regelt die Nutzung, obliegt es der Lehrkraft oder muss das von den Institutionen vorgegeben werden? Hier gibt es viele offene Fragen und Handlungsfelder. In Österreich wurde vom Bundesministerium für Bildung, Wissenschaft und Forschung eine Gruppe von Expert:innen aus Universitäten und Pädagogischen Hochschulen eingesetzt, die Maßnahmen reflektieren, initiieren und begleiten. Ziel ist es, alle Schüler:innen „auf ein selbstbestimmtes und verantwortungsvolles Leben in einer durch die KI beeinflussten Welt vorzubereiten".[39]

Ein konkretes Beispiel für die Vermittlung von KI-Wissen im deutschsprachigen Raum ist der KI-Campus.[40] Dabei handelt es sich um eine niedrigschwellige Lernplattform für künstliche Intelligenz. Der KI-Campus bietet Online-Kurse, Podcasts und Videotutorials, erklärt und vermittelt KI-Kompetenz für alle Interessierten, von Einsteiger:innen und Fortgeschrittenen bis hin zu Expert:innen. Dort können wir unter anderem lernen, einen Chatbot zu programmieren oder wie wir KI in den eigenen Unterricht einbauen. Die Plattform vereint unterschiedliche bestehende Lernangebote und erleichtert so den Überblick. Beim KI-Campus handelt es sich um ein Projekt, das vom deutschen Bundesministerium für Bildung und Forschung gefördert wird. Zahlreiche Partnerorganisationen stellen das Angebot frei zugänglich bereit: die Charité, das Deutsche Forschungszentrum für Künstliche Intelligenz (DFKI), die Duale Hochschule Baden-Württemberg (DHBW), die FernUniversität in Hagen, das Hasso-Plattner-Institut (HPI) und die Humboldt-Universität zu Berlin. So werden die verschiedenen Ressourcen gebündelt und ein Überblick über fundierte und kostenlose Weiterbildungsangebote wird geschaffen.

Im Rahmen eines Forschungsprojekts im Herbst 2023, dessen Ergebnisse ich erstmals in einem Gastartikel für *Spiegel Online*[41] veröffentlichte, führte ich Gespräche mit Technik- und Kunst-Studierenden, um herauszufinden, welche Einstellungen sie zur KI haben und ob sie sie nutzen. Wenig überraschend stellte ich fest, dass vor allem Technik-Studierende der KI sehr positiv gegenüberstehen. Ihnen kommt ihr Know-how und ein großes Interesse an KI zugute. Viele nutzen sie, um sich selbst zu entlasten, insbesondere um E-Mails zu schreiben.

Eine meiner Gesprächspartner:innen ist Industriedesign-Studentin an der Universität für Angewandte Kunst in Wien. Sie sieht in der KI ein nützliches Werkzeug, aber steht der Nutzung auch kritisch gegenüber. Im laufenden Wintersemester gibt es in ihrem Studiengang einen KI-Schwerpunkt, der es ihr ermöglicht, sich mit der KI intensiv auseinanderzusetzen und eigene Projekte zu realisieren. In diesem Studiengang wird Zugang zu Wissen über die KI bereitgestellt, ebenso werden Räume eröffnet, um mit der KI zu experimentieren, darüber zu diskutieren und sie zu nutzen.

Universitäten wie Schulen sind aktuell unter Zugzwang, auf die rasche KI-Entwicklung zu reagieren. Sie müssen mit Expert:innen, Dozierenden und Studierenden eine zukunftsweisende Strategie entwickeln, um die technologische Infrastruktur bereitzustellen, die Lehrpläne zu evaluieren und KI als Lehrinhalt zu verankern.

In Deutschland gehen die Hochschulen derzeit unterschiedlich vor.[42] Manche integrieren KI in einzelne Lehrveranstaltungen, andere integrieren KI als Querschnittsthema in allen oder in ausgewählten Disziplinen, und wieder andere bieten ganze KI-Studiengänge an. Auf der Ebene der Lehrveranstaltungen bringen oft die Lehrenden selbst KI-Themen in die Studiengänge ein.

Beispielsweise bietet die IU Internationale Hochschule Bad Honnef in allen Studiengängen Kurse im Bereich künstliche Intelligenz an. Die Universität Münster will mit dem Projekt „Inter KI WWU" künstliche Intelligenz als interdisziplinäres Querschnittsthema verfolgen und KI ganzheitlich mit einem Blick auf gesellschaftliche, ethische und ökologische Herausforderungen thematisieren. An der Humboldt Universität zu Berlin kann man als Studierende:r den Kurs „KI und Leadership" absolvieren. Die School of

Applied AI der Hochschule Heilbronn und der Studiengang AI Engineering der Hochschulen Sachsen-Anhalts sind eigenständige KI-Studiengänge.

Wie KI am Arbeitsplatz vermittelt wird

Arbeitgeber:innen sind heute ebenfalls dringend gefragt, die Beschäftigten im Betrieb auf die zunehmende Nutzung der KI bei der Arbeit vorzubereiten und sie dabei zu unterstützen. Seit Microsoft im September 2023 seine populären Programme wie Word, Outlook und PowerPoint mit dem KI-Assistenten Copilot ausgestattet hat, ist KI mittendrin in unserem Arbeitsalltag[43] und die Dringlichkeit der Auseinandersetzung mehr als gegeben. Also, welche Aufgaben haben Unternehmen nun in der Vermittlung der KI-Nutzung? Wie kann das in der Praxis aussehen?

Einerseits sind Informationskampagnen, Vorträge von Expert:innen oder Erklärvideos sinnvoll, die das Bewusstsein bei den Mitarbeiter:innen fördern, wie KI die Arbeitswelt verändern wird und welche Skills für die Zukunft der Arbeit im Umgang mit der KI notwendig sind. Darüber hinaus sollten Unternehmen Workshops und Schulungen anbieten, in denen die Mitarbeiter:innen im eigenen Tempo und gemeinsam mit ihren Kolleg:innen in einer laborähnlichen Situation praxisnah und barrierefrei den Umgang mit KI erlernen können.

Tools wie Mentoring oder Buddy-Modelle sind hier hilfreich. So können KI-begeisterte Early Adopters in Tandems mit weniger KI-affinen Kolleg:innen ihr Knowhow und Wissen teilen und den Lernprozess begleiten. Zur Umsetzung müssen beide Tandempartner:innen von ihrer täglichen Arbeit Pausen für die Weiterbildung bekommen. Große Unternehmen haben oft ein IT-Supportteam, das dafür geschult werden sollte, die Beschäftigten bei der täglichen Nutzung neuer KI-Anwendungen zu unterstützen.

Dabei kommt Führungskräften und Personalverantwortlichen eine besondere Rolle zu: Sie sind in der Verantwortung, in Mitarbeiter:innengesprächen zu identifizieren, welchen Bedarf das Team und jede einzelne Person hat. Dabei müssen sie darauf achten, wertschätzend und empathisch zu agieren, die Ängste der Menschen ernst zu nehmen und zu adressieren. Im Sinne einer sensiblen Vorgangsweise ist bei der Entwicklung von Schulungsangeboten ein besonderer Fokus auf Beschäftigte zu legen, die sich vom zunehmenden Einsatz digitaler Arbeitsmittel überfordert fühlen.

Auf der Leipziger Buchmesse lernte ich im Frühjahr 2023 einen deutschen Software-Entwickler und aktiven Gewerkschafter der öffentlichen Verwaltung kennen. Ich fragte ihn, welche Rolle die KI aus seiner Sicht in der Berufsausbildung von jungen Menschen spielen sollte. Er berichtete mir von einem praktischen Beispiel:

„Wir haben bei uns in der Behörde neue Fachinformatik-Auszubildende eingestellt. Einer der Azubis verwendet nun ChatGPT nach einem Monat für seine Ausbildung. Das Ergebnis ist eher bescheiden und er kann sich nicht erklären, wie man an das eigentlich richtige Ziel kommt. Innerhalb der Ausbildung hat er natürlich noch die Möglichkeit – gerade auch mit Unterstützung durch die Ausbilder:innen – herauszufinden, was und wie ChatGPT beispielsweise aufgebaut ist. Auch weil sich dort zum Teil je nach Ausgestaltung der Ausbildung auch im Selbststudium bei Projekten weitere Möglichkeiten ergeben können. Wenn er die Chance verstreichen lässt, wird es für die spätere Arbeit natürlich schwer."

Er findet es wichtig, jungen Menschen am Arbeitsplatz die Möglichkeit zu geben, zu lernen, KI-Anwendungen wie ChatGPT zu nutzen und sich kritisch über den Einsatz Gedanken zu machen. Wichtig sei es in diesem Zusammenhang, den jungen Menschen zu vermitteln, dass KI „kein Heilsbringer für alle Probleme in der Arbeit ist".

Schluss & Ausblick

Handelt es sich bei KI nun tatsächlich um eine künstliche Konkurrenz für Beschäftigte? Ist sie ein Jobkiller oder ein digitales Werkzeug, das uns Arbeit abnimmt und neue Möglichkeiten eröffnet? Oder vielleicht etwas völlig anderes?

Diese Fragen lassen sich noch nicht abschließend beantworten. Aus heutiger Sicht lässt sich aber sicher sagen: Für Berufsgruppen mit niedriger Qualifikation, von Büro bis Logistik, ist der Einsatz von KI bei der Arbeit schon heute eine echte Konkurrenz. Für andere Berufsgruppen, für die eine höhere Qualifikation notwendig ist, wie etwa bei der Buchhaltung, der IT-Administration, im Grafikdesign, für Betriebswirt:innen, Lehrende oder Jurist:innen wird sich erst zeigen, ob KI ein Werkzeug bleibt oder ob sie zu einer gefährlichen Konkurrenz wird.

Dabei sollten wir nicht vergessen, dass KI nach heutigem Stand der Technik nicht unabhängig von uns ist. Denn sie beruht ja, das darf bei allem nicht vergessen werden, auf menschlichem Input. Sie wird von Menschen gebaut, trainiert, beauftragt, beaufsichtigt und ausgewertet. Es handelt sich nicht um eine Naturgewalt. Um die potenziellen Gefahren des KI-Einsatzes in der Arbeitswelt zu adressieren und die Chancen für uns zu realisieren, sind wir gefragt, uns heute breit mit der KI und deren Auswirkungen auf unser Arbeitsleben zu beschäftigen. Wir müssen gemeinsam darüber sprechen.

Es ist die Verantwortung von Entscheidungsträger:innen in der Politik, in Gewerkschaften, Unternehmen und Bildungsinstitutionen, nicht nur Sonntagsreden zu halten, sondern auch ins Tun zu kommen. Dazu gehört, den öffentlichen Diskurs mit Empathie für die betroffenen Menschen zu führen und konkrete Lösungsansätze mit ihnen partizipativ zu erarbeiten. Dafür ist eine grundlegende Standortbestimmung durchzuführen: Wo stehen wir, was brauchen wir? Der Appell an alle Entscheidungsträger:innen: Schafft die Bedingungen, die notwendig sind, damit alle Menschen auf dieser digitalen *Tour-de-Force* mitkommen, sodass niemand auf dem Arbeitsmarkt abgehängt wird und die psychischen Belastungen nicht weiter ansteigen. Fragen nach der Verteilungsgerechtigkeit sind heute neu zu stellen.

Dafür ist ein solidarisches Vorgehen notwendig. Ein Blick nach Hollywood zeigt, dass die Gewerkschaften dabei eine zentrale Funktion einnehmen können: Die Drehbuchautor:innen und Schauspieler:innen der US-amerikanischen TV- und Filmbranche streikten monatelang für faire Arbeitsbedingungen und eine transparente Regelung des KI-Einsatzes durch die Film- und TV-Studios, und sie hatten Erfolg.[44] Die britische Zeitung *The Guardian* brachte es in einem Artikel[45] auf den Punkt: Der Kampf um unsere künftige Existenzweise wird (auch) in Hollywood ausgefochten. Die Schauspieler:innen könnten wir als Pionier:innen sehen, die die Gefahr, die von der KI als Jobkiller ausgehen kann, frühzeitig erkannt haben.

Wir müssen uns nicht mit einer düsteren Dystopie abfinden. KI-gesteuerte Maschinen werden uns in Zukunft unliebsame Arbeiten abnehmen und uns entlasten, wenn wir uns dafür einsetzen – kollektiv und solidarisch. Politik und Wirtschaft haben die Verantwortung, im Interesse der arbeitenden Menschen zu handeln, statt KI als Tool für die Gewinnmaximierung zu missbrauchen. Dann können wir optimistisch sein. Bis es so weit ist, leben wir in einer Übergangszeit, die von uns fordert, mit einer ständigen Transformation und der unglaublich schnellen technischen Weiterentwicklung umzugehen. Dafür ist es wichtig, dass wir uns diesem Thema bewusst widmen, kritische Fragen stellen und gemeinsam diskutieren: Wie wollen wir in Zukunft leben und arbeiten? Dieser Essay ist meine Einladung, dass wir zu kritischen Zukunftsdesigner:innen werden und gemeinsam an einer positiven Zukunftsvision arbeiten.

Quellen

[1] ChatGPT ist eine Abkürzung, zusammengesetzt aus „to chat“ und „Generative Pre-Trained Transformer“.

[2] Wikipedia. ChatGPT. Verfügbar unter: *https://de.wikipedia.org/wiki/ChatGPT#Boom_2022/23*, zuletzt abgerufen am 19.12.2023.

[3] Ebenda.

[4] Deutsches Institut für Normung. Was ist Industrie 4.0? Verfügbar unter: *https://www.din.de/de/forschung-und-innovation/themen/industrie4-0/was-ist-industrie-4-0--73174*, zuletzt abgerufen am 30.11.2023.

[5] OECD (2023). OECD-Beschäftigungsausblick 2023. Künstliche Intelligenz und der Arbeitsmarkt – Deutschland. Verfügbar unter: *https://www.oecd-ilibrary.org/sites/079c6ebb-de/index.html?itemId=/content/component/079c6ebb-de#section-d1e1200-6efdca2aa9*, zuletzt abgerufen am 1.11.2023.

[6] Gesunde Arbeit. ArbeitnehmerInnenschutz in einer digitalen Arbeitswelt. *Verfügbar unter: https://www.gesundearbeit.at/cms/V02/V02_1.11.a/1342585939718/arbeitnehmerinnenschutz/digitalisierung/arbeitnehmerinnenschutz-in-einer-digitalen-arbeitswelt*, zuletzt abgerufen am 16.12.2023.

[7] Thun-Hohenstein, C. (2023). Imagine Dignity & Regeneration. In: Imagine Dignity – Female Futures. Jahrbuch Austria Kultur. Wien: Bundesministerium für europäische und internationale Angelegenheiten – Sektion für internationale Kulturangelegenheiten, S. 12–24.

[8] Crawford, K. (2021). Atlas of AI. Power, Politics, and the Planetary Costs of Artificial Intelligence. New Haven, London: Yale University Press.

[9] Ebenda.

[10] Gabler Wirtschaftslexikon. Generative KI. Verfügbar unter: *https://wirtschaftslexikon.gabler.de/definition/generative-ki-124952*, zuletzt abgerufen am 1.11.2023.

[11] Wikipedia. John Maeda. Verfügbar unter: *https://en.wikipedia.org/wiki/John_Maeda*, zuletzt abgerufen am 1.12.2023.

[12] Maeda, J. (2019). How to Speak Machine – Computational Thinking for the Rest of Us. Portfolio Penguin.

[13] Abram, C. (2023). The Real Reason Everyone's Fighting Over AI (feat. former Google CEO). Verfügbar unter: *https://www.youtube.com/watch?v=MWHN6ojlVXI*, zuletzt abgerufen am 11.1.2024.

[14] The Center for AI Safety (2023). Statement on AI Risk. Verfügbar unter: *https://www.safe.ai/statement-on-ai-risk*, zuletzt abgerufen am 8.12.2023.

[15] Gogola, M. (2020). Künstliche Intelligenz und Algorithmen in der Arbeitswelt: Herausforderungen, Regelungsprobleme und Lösungsansätze. In: Fritz, J. Tomaschek, N. (Hrsg.). Digitaler Humanismus. Menschliche Werte in der virtuellen Welt. Münster: Waxmann, S. 105–118.

[16] Sator, A. (2023) Verfügbar unter: *https://www.linkedin.com/posts/andreas-sator-04b931102_httpschatopenaicomshare4048b20c-24ba-activity-7135012386293334016-76qx?utm_source=share&utm_medium=member_desktop*, zuletzt abgerufen am 19.12.2023.

[17] Austria Presse Agentur (2023). Leitlinie zum Umgang mit künstlicher Intelligenz. Verfügbar unter: *https://apa.at/service/whitepaper/*, zuletzt abgerufen am 1.11.2023.

[18] OTS (2022). APA erstellte Leitlinie für verantwortungsvollen Einsatz von künstlicher Intelligenz. Verfügbar unter: *https://www.ots.at/presseaussendung/OTS_20220419_OTS0041/apa-erstellte-leitlinie-fuer-verantwortungsvollen-einsatz-von-kuenstlicher-intelligenz*, zuletzt abgerufen am 1.11.2023.

[19] Austria Presse Agentur (2023). Leitlinie zum Umgang mit künstlicher Intelligenz. Verfügbar unter: *https://apa.at/service/whitepaper/*, zuletzt abgerufen am 1.11.2023.

[20] Kruchem, Th. (2022). „Gesichtserkennung und ihre Gefahren. Big Brother auf dem Vormarsch“. Deutschlandfunk Kultur, 30.05.2022. Verfügbar unter: *https://www.deutschlandfunkkultur.de/big-brother-*

gesichtserkennung-kuenstliche-intelligenz-100.html, zuletzt abgerufen am 19.12.2023.

[21] Crawford, K. (2021). Atlas of AI. Power, Politics, and the Planetary Costs of Artificial Intelligence. New Haven, London: Yale University Press.

[22] Gogola, M. (2020). Künstliche Intelligenz und Algorithmen in der Arbeitswelt: Herausforderungen, Regelungsprobleme und Lösungsansätze. In: Fritz, J. Tomaschek, N. (Hrsg.). Digitaler Humanismus. Menschliche Werte in der virtuellen Welt. Münster: Waxmann, S. 105–118.

[23] Metz, M., Heller, P. (2023). „Künstliche Intelligenz und Arbeit – Klaut KI meinen Job, während ich in der Kaffeepause bin?". Deutschlandfunk, 7.9.2023. Verfügbar unter: *https://www.deutschlandfunk.de/kuenstliche-intelligenz-und-arbeit-klaut-ki-meinen-job-waehrend-ich-in-der-kaffeepause-bin-dlf-81432eec-100.html*, zuletzt abgerufen am 1.11.2023.

[24] Anmerkung der Autorin: ChatGPT neigt dazu, zu „fantasieren", d. h. die KI spuckt Antworten aus, die plausibel klingen, aber nicht den Fakten entsprechen.

[25] Gmyrek, P., Berg, J., Bescond, D. (2023). Generative AI and Jobs: A global analysis of potential effects on job quantity and quality. ILO Working paper 96. Geneva: International Labour Office.

[26] Ebenda.

[27] OECD (2023). OECD-Beschäftigungsausblick 2023. Künstliche Intelligenz und der Arbeitsmarkt – Deutschland. Verfügbar unter: *https://www.oecd-ilibrary.org/sites/079c6ebb-de/index.html?itemId=/content/component/079c6ebb-de#section-d1e1200-6efdca2aa9*, zuletzt abgerufen am 1.11.2023.

[28] Hitradio Ö3, ORF Public Value, Sozialforschungsinstitut SORA (2023). Ö3-Jugendstudie 2023. Verfügbar unter: *https://www.oe3jugendstudie.at/ergebnisse.php*, zuletzt abgerufen am 1.11.2023.

[29] Crawford, K. (2021). Atlas of AI. Power, Politics, and the Planetary Costs of Artificial Intelligence. New Haven, London: Yale University Press.

[30] Dang, A., Ickert N. (2023). „Warum so wenige Frauen in Mint-Berufe wollen." Der Standard, 19. Juni 2023. Verfügbar unter: *https://www.derstandard.at/story/3000000174937/warum-so-wenige-frauen-in-mint-berufe-wollen*, zuletzt abgerufen am 17.12.2023.

[31] DGB-Index Gute Arbeit (2016). Report 2016 - Schwerpunkt: Digitalisierung der Arbeitswelt. Verfügbar unter: *https://index-gute-arbeit.dgb.de/veroeffentlichungen/jahresreports/++co++76276168-a0fb-11e6-8bb8-525400e5a74a*, zuletzt abgerufen am 16.12.2023.

[32] Oberösterreichische Arbeiterkammer (2022). Arbeitsklima Index. Verfügbar unter: *https://ooe.arbeiter- kammer.at/beratung/arbeitundgesundheit/arbeitsklima/arbeitsklima_ index/Arbeitsklima_Index-_Immer_mehr_wollen_Job_wechseln.html*, zuletzt abgerufen am 1.12.2023.

[33] Kowatz, F. (2023). Branding Methode: Disruptiv und sozial. Verfügbar unter: *https://www.kr8bureau.at/blog/disruptive-brand-social-design*, zuletzt abgerufen am 29.12.2023.

[34] APA (2022). Künstliche Intelligenz gegen Fake News: Neues Werkzeug vorgestellt. Verfügbar unter: *https://science.apa.at/power-search/10715349117038758622*, zuletzt abgerufen am 16.12.2023.

[35] Glaser, L. M. (2022). Arbeit auf Augenhöhe – Die New Work Revolution: Kreativ denken, neue Wege wagen und die Arbeit der Zukunft solidarisch gestalten. Wien: Kremayr & Scheriau.

[36] Ebenda.

[37] Eisler, R. (2020). Die verkannten Grundlagen der Ökonomie. Wege zu einer Caring Economy. Marburg: Büchner.

[38] Technische Universität Wien (2019). Wiener Manifest für Digitalen Humanismus. Verfügbar unter: *https://dighum.ec.tuwien.ac.at/wp-content/uploads/2019/07/Vienna_Manifesto_on_Digital_Humanism_DE.pdf*, zuletzt abgerufen am 1.11.2023.

[39] BMBWF. Künstliche Intelligenz – Chance für Österreichs Schulen. Verfügbar unter: *https://www.bmbwf.gv.at/Themen/schule/zrp/ki.html*, zuletzt abgerufen am 16.12.2023.

[40] KI-Campus. Verfügbar unter: *https://ki-campus.org/*, zuletzt abgerufen am 1.11.2023.

[41] Glaser, L. M. (2023). „Warum KI kein Studium überflüssig machen wird". Spiegel Online, 6.9.2023. Verfügbar unter: *https://www.spiegel.de/start/macht-ki-mein-studium-ueberfluessig-warum-sich-studieren-trotzdem-lohnt-a-1a51e5e6-83e7-4013-b7c1-f1c8835b79bf*, zuletzt abgerufen am 2.12.2023.

[42] Göllner, S., Leusing, B. (2023). KI in der Hochschullehre – eine Übersicht. Verfügbar unter: *https://www.e-teaching.org/etresources/pdf/erfahrungsbericht_2023_goellner_leusing_ki-in-der-hochschullehre-eine-uebersicht.pdf*, zuletzt abgerufen am 11.1.2024.

[43] Duhigg, C. (2023). „The Inside Story of Microsoft's Partnership with OpenAI". New Yorker, 1.12.2023. Verfügbar unter: *https://www.newyorker.com/magazine/2023/12/11/the-inside-story-of-microsofts-partnership-with-openai*, zuletzt abgerufen am 11.1.2024; ebenso: Mehdi, Y. (2023). „Microsoft Copilot, Ihr täglicher KI-Begleiter". Microsoft, 21. 9. 2023. Verfügbar unter: *https://news.microsoft.com/de-de/microsoft-copilot-ihr-taeglicher-ki-begleiter/*, zuletzt abgerufen am 11.1.2024.

[44] Bartram, A., Wilhelm, K. (2023). „Streik der Schauspieler offiziell beendet". Deutschlandfunk Kultur, 06.12.2023. Verfügbar unter: *https://www.deutschlandfunkkultur.de/hollywood-schauspieler-streik-100.html#Warum*, zuletzt abgerufen am 11.1.2024.

[45] Beckett, L., Paul, K. (2023). „Bargaining for our very existence': why the battle over AI is being fought in Hollywood". The Guardian, 22.7.2023. Verfügbar unter: *https://www.theguardian.com/technology/2023/jul/22/sag-aftra-wga-strike-artificial-intelligence*, zuletzt abgerufen am 1.11.2023.

MIX
Papier | Fördert gute Waldnutzung
FSC® C083411

Product footprint
CO_2 Neutral
PBN-CFMCP-015258
www.preferredbynature.org

1. Auflage 2024

Umschlaggestaltung & Layout: Michèle Ganser
Lektorat: Stefanie Jaksch
Korrektorat: Carla Swiderski
Gesamtherstellung: Leykam Buchverlag

Auch als E-Book erhältlich

www.leykamverlag.at
ISBN 978-3-7011-8330-2

Klimaneutral gedruckt mit freundlicher Unterstützung der Stadt Wien

Stadt Wien | Kultur